THIS PLANNER BELONGS TO:

_____

_____

Year at a Glance

CURRICULUM MAP

JANUARY	FEBRUARY	MARCH

APRIL	MAY	JUNE

JULY	AUGUST	SEPTEMBER

OCTOBER	NOVEMBER	DECEMBER

This Month

TO DO'S

MONTH OF:

FOCUS/GOALS

IMPORTANT DATES

-

-

-

-

-

IDEAS/NOTES

Lesson Plans

SUB	MONDAY	TUESDAY	WEDNESDAY

THIS WEEK'S GOAL/PRIORITY:

THURSDAY	FRIDAY	NOTES
_____	_____	
_____	_____	
_____	_____	
_____	_____	
_____	_____	
_____	_____	
_____	_____	
_____	_____	
_____	_____	
_____	_____	
_____	_____	
_____	_____	

ASSIGNMENTS

- ☐ _____
- ☐ _____
- ☐ _____
- ☐ _____
- ☐ _____
- ☐ _____
- ☐ _____
- ☐ _____
- ☐ _____

ACTIVITIES

Lesson Plans

SUB	MONDAY	TUESDAY	WEDNESDAY

THIS WEEK'S GOAL/PRIORITY:

THURSDAY	FRIDAY	NOTES

ASSIGNMENTS

ACTIVITIES

Lesson Plans

SUB	MONDAY	TUESDAY	WEDNESDAY

THIS WEEK'S GOAL/PRIORITY:

THURSDAY	FRIDAY	NOTES

ASSIGNMENTS

- ☐ _____
- ☐ _____
- ☐ _____
- ☐ _____
- ☐ _____
- ☐ _____
- ☐ _____
- ☐ _____
- ☐ _____

ACTIVITIES

Lesson Plans

SUB	MONDAY	TUESDAY	WEDNESDAY

THIS WEEK'S GOAL/PRIORITY:

THURSDAY	FRIDAY	NOTES

ASSIGNMENTS

- [ ] _____
- [ ] _____
- [ ] _____
- [ ] _____
- [ ] _____
- [ ] _____
- [ ] _____
- [ ] _____

ACTIVITIES

GRADE TRACKER

SUB	DATE	EXAM	GRADE	NOTES

REVIEW/ASSESSMENT

_____
_____
_____
_____
_____
_____
_____
_____
_____
_____
_____
_____

This Month

TO DO'S

MONTH OF:

FOCUS/GOALS

_____
_____
_____
_____
_____
_____

IMPORTANT DATES

- _____
- _____
- _____
- _____
- _____

IDEAS/NOTES

Lesson Plans

SUB	MONDAY	TUESDAY	WEDNESDAY

THIS WEEK'S GOAL/PRIORITY:

THURSDAY	FRIDAY	NOTES

ASSIGNMENTS

- ☐ _____
- ☐ _____
- ☐ _____
- ☐ _____
- ☐ _____
- ☐ _____
- ☐ _____
- ☐ _____
- ☐ _____

ACTIVITIES

Lesson Plans

SUB	MONDAY	TUESDAY	WEDNESDAY

THIS WEEK'S GOAL/PRIORITY:

THURSDAY	FRIDAY	NOTES

ASSIGNMENTS

- _____
- _____
- _____
- _____
- _____
- _____
- _____
- _____
- _____

ACTIVITIES

Lesson Plans

WEEK OF:

SUB	MONDAY	TUESDAY	WEDNESDAY

THIS WEEK'S GOAL/PRIORITY:

THURSDAY	FRIDAY	NOTES

ASSIGNMENTS

ACTIVITIES

Lesson Plans

SUB	MONDAY	TUESDAY	WEDNESDAY

THIS WEEK'S GOAL/PRIORITY:

THURSDAY	FRIDAY	NOTES

ASSIGNMENTS

- [ ] _____
- [ ] _____
- [ ] _____
- [ ] _____
- [ ] _____
- [ ] _____
- [ ] _____
- [ ] _____
- [ ] _____

ACTIVITIES

GRADE TRACKER

SUB	DATE	EXAM	GRADE	NOTES

REVIEW/ASSESSMENT

_____
_____
_____
_____
_____
_____
_____
_____
_____
_____

This Month

TO DO'S

MONTH OF:

FOCUS/GOALS

IMPORTANT DATES

-
-
-
-
-

IDEAS/NOTES

Lesson Plans

SUB	MONDAY	TUESDAY	WEDNESDAY

THIS WEEK'S GOAL/PRIORITY:

THURSDAY	FRIDAY	NOTES

ASSIGNMENTS

- _____
- _____
- _____
- _____
- _____
- _____
- _____
- _____
- _____

ACTIVITIES

Lesson Plans

SUB	MONDAY	TUESDAY	WEDNESDAY

THIS WEEK'S GOAL/PRIORITY:

THURSDAY	FRIDAY	NOTES

ASSIGNMENTS

ACTIVITIES

Lesson Plans

SUB	MONDAY	TUESDAY	WEDNESDAY

THIS WEEK'S GOAL/PRIORITY:

THURSDAY	FRIDAY	NOTES

ASSIGNMENTS

ACTIVITIES

Lesson Plans

SUB	MONDAY	TUESDAY	WEDNESDAY

THIS WEEK'S GOAL/PRIORITY:

THURSDAY	FRIDAY	NOTES
_____ _____ _____ _____ _____	_____ _____ _____ _____ _____	
_____ _____ _____ _____ _____	_____ _____ _____ _____ _____	
_____ _____ _____ _____	_____ _____ _____ _____	**ASSIGNMENTS**

ASSIGNMENTS

- ▪ _____
- ▪ _____
- ▪ _____
- ▪ _____
- ▪ _____
- ▪ _____
- ▪ _____
- ▪ _____
- ▪ _____

ACTIVITIES

GRADE TRACKER

SUB	DATE	EXAM	GRADE	NOTES

REVIEW/ASSESSMENT

_____
_____
_____
_____
_____
_____
_____
_____
_____
_____
_____
_____
_____
_____

This Month

TO DO'S

MONTH OF:

FOCUS/GOALS

IMPORTANT DATES

-
-
-
-
-

IDEAS/NOTES

Lesson Plans

SUB	MONDAY	TUESDAY	WEDNESDAY

THIS WEEK'S GOAL/PRIORITY:

THURSDAY	FRIDAY	NOTES

ASSIGNMENTS

ACTIVITIES

Lesson Plans

SUB	MONDAY	TUESDAY	WEDNESDAY

THIS WEEK'S GOAL/PRIORITY:

THURSDAY	FRIDAY	NOTES

ASSIGNMENTS

- _____
- _____
- _____
- _____
- _____
- _____
- _____
- _____
- _____

ACTIVITIES

Lesson Plans

SUB	MONDAY	TUESDAY	WEDNESDAY

THIS WEEK'S GOAL/PRIORITY:

THURSDAY	FRIDAY	NOTES

ASSIGNMENTS

- ☐ _____
- ☐ _____
- ☐ _____
- ☐ _____
- ☐ _____
- ☐ _____
- ☐ _____
- ☐ _____
- ☐ _____

ACTIVITIES

Lesson Plans

SUB	MONDAY	TUESDAY	WEDNESDAY

THIS WEEK'S GOAL/PRIORITY:

THURSDAY	FRIDAY	NOTES

ASSIGNMENTS

- [ ] _____
- [ ] _____
- [ ] _____
- [ ] _____
- [ ] _____
- [ ] _____
- [ ] _____
- [ ] _____
- [ ] _____

ACTIVITIES

GRADE TRACKER

SUB	DATE	EXAM	GRADE	NOTES

REVIEW/ASSESSMENT

_____

_____

_____

_____

_____

_____

_____

_____

_____

_____

_____

_____

_____

This Month

TO DO'S

MONTH OF:

FOCUS/GOALS

_____
_____
_____
_____
_____

IMPORTANT DATES

- _____
- _____
- _____
- _____
- _____

IDEAS/NOTES

Lesson Plans

SUB	MONDAY	TUESDAY	WEDNESDAY

THIS WEEK'S GOAL/PRIORITY:

THURSDAY	FRIDAY	NOTES

ASSIGNMENTS

ACTIVITIES

Lesson Plans

WEEK OF:

SUB	MONDAY	TUESDAY	WEDNESDAY

THIS WEEK'S GOAL/PRIORITY:

THURSDAY	FRIDAY	NOTES

ASSIGNMENTS

- [ ] _____
- [ ] _____
- [ ] _____
- [ ] _____
- [ ] _____
- [ ] _____
- [ ] _____
- [ ] _____
- [ ] _____

ACTIVITIES

Lesson Plans

SUB	MONDAY	TUESDAY	WEDNESDAY

THIS WEEK'S GOAL/PRIORITY:

THURSDAY	FRIDAY	NOTES

ASSIGNMENTS

ACTIVITIES

Lesson Plans

SUB	MONDAY	TUESDAY	WEDNESDAY

THIS WEEK'S GOAL/PRIORITY:

THURSDAY	FRIDAY	NOTES

ASSIGNMENTS

- ☐ _____
- ☐ _____
- ☐ _____
- ☐ _____
- ☐ _____
- ☐ _____
- ☐ _____
- ☐ _____
- ☐ _____

ACTIVITIES

GRADE TRACKER

SUB	DATE	EXAM	GRADE	NOTES

REVIEW/ASSESSMENT

_____
_____
_____
_____
_____
_____
_____
_____
_____
_____
_____

This Month

TO DO'S

MONTH OF: [ ]

FOCUS/GOALS

_____
_____
_____
_____
_____

IMPORTANT DATES

- _____
- _____
- _____
- _____
- _____

IDEAS/NOTES

Lesson Plans

SUB	MONDAY	TUESDAY	WEDNESDAY

THIS WEEK'S GOAL/PRIORITY:

THURSDAY	FRIDAY	NOTES

ASSIGNMENTS

- ☐ _____
- ☐ _____
- ☐ _____
- ☐ _____
- ☐ _____
- ☐ _____
- ☐ _____
- ☐ _____
- ☐ _____

ACTIVITIES

Lesson Plans

SUB	MONDAY	TUESDAY	WEDNESDAY

THIS WEEK'S GOAL/PRIORITY:

THURSDAY	FRIDAY	NOTES

ASSIGNMENTS

- ☐ _____
- ☐ _____
- ☐ _____
- ☐ _____
- ☐ _____
- ☐ _____
- ☐ _____
- ☐ _____
- ☐ _____

ACTIVITIES

Lesson Plans

SUB	MONDAY	TUESDAY	WEDNESDAY

THIS WEEK'S GOAL/PRIORITY:

THURSDAY	FRIDAY	NOTES

ASSIGNMENTS

ACTIVITIES

Lesson Plans

SUB	MONDAY	TUESDAY	WEDNESDAY

THIS WEEK'S GOAL/PRIORITY:

THURSDAY	FRIDAY	NOTES

ASSIGNMENTS

- [ ] _____
- [ ] _____
- [ ] _____
- [ ] _____
- [ ] _____
- [ ] _____
- [ ] _____
- [ ] _____
- [ ] _____

ACTIVITIES

GRADE TRACKER

SUB	DATE	EXAM	GRADE	NOTES
				REVIEW/ASSESSMENT
				_____
				_____
				_____
				_____
				_____
				_____
				_____
				_____
				_____
				_____
				_____
				_____

This Month

TO DO'S

MONTH OF:

FOCUS/GOALS

IMPORTANT DATES

-
-
-
-
-

IDEAS/NOTES

Lesson Plans

SUB	MONDAY	TUESDAY	WEDNESDAY

THIS WEEK'S GOAL/PRIORITY:

THURSDAY	FRIDAY	NOTES

ASSIGNMENTS

- [ ] _____
- [ ] _____
- [ ] _____
- [ ] _____
- [ ] _____
- [ ] _____
- [ ] _____
- [ ] _____
- [ ] _____

ACTIVITIES

Lesson Plans

WEEK OF:

SUB	MONDAY	TUESDAY	WEDNESDAY

THIS WEEK'S GOAL/PRIORITY:

THURSDAY	FRIDAY	NOTES

ASSIGNMENTS

- _____
- _____
- _____
- _____
- _____
- _____
- _____
- _____
- _____

ACTIVITIES

Lesson Plans

SUB	MONDAY	TUESDAY	WEDNESDAY

THIS WEEK'S GOAL/PRIORITY:

THURSDAY	FRIDAY	NOTES

ASSIGNMENTS

- _____
- _____
- _____
- _____
- _____
- _____
- _____
- _____
- _____

ACTIVITIES

Lesson Plans

SUB	MONDAY	TUESDAY	WEDNESDAY

THIS WEEK'S GOAL/PRIORITY:

THURSDAY	FRIDAY	NOTES

ASSIGNMENTS

ACTIVITIES

GRADE TRACKER

SUB	DATE	EXAM	GRADE	NOTES

REVIEW/ASSESSMENT

_____
_____
_____
_____
_____
_____
_____
_____
_____
_____
_____

This Month

TO DO'S

MONTH OF:

FOCUS/GOALS

IMPORTANT DATES

-
-
-
-
-

IDEAS/NOTES

Lesson Plans

SUB	MONDAY	TUESDAY	WEDNESDAY

THIS WEEK'S GOAL/PRIORITY:

THURSDAY	FRIDAY	NOTES

ASSIGNMENTS

- ☐ _____
- ☐ _____
- ☐ _____
- ☐ _____
- ☐ _____
- ☐ _____
- ☐ _____
- ☐ _____

ACTIVITIES

Lesson Plans

SUB	MONDAY	TUESDAY	WEDNESDAY

THIS WEEK'S GOAL/PRIORITY:

THURSDAY	FRIDAY	NOTES

ASSIGNMENT S

- ☐ _____
- ☐ _____
- ☐ _____
- ☐ _____
- ☐ _____
- ☐ _____
- ☐ _____
- ☐ _____
- ☐ _____

ACTIVITIES

Lesson Plans

SUB	MONDAY	TUESDAY	WEDNESDAY

THIS WEEK'S GOAL/PRIORITY:

THURSDAY	FRIDAY	NOTES
_____	_____	
_____	_____	
_____	_____	
_____	_____	
_____	_____	
_____	_____	
_____	_____	
_____	_____	

ASSIGNMENTS

- ☐ _____
- ☐ _____
- ☐ _____
- ☐ _____
- ☐ _____
- ☐ _____
- ☐ _____
- ☐ _____
- ☐ _____

ACTIVITIES

Lesson Plans

SUB	MONDAY	TUESDAY	WEDNESDAY

THIS WEEK'S GOAL/PRIORITY:

THURSDAY	FRIDAY	NOTES

ASSIGNMENTS

- [ ] _____
- [ ] _____
- [ ] _____
- [ ] _____
- [ ] _____
- [ ] _____
- [ ] _____
- [ ] _____
- [ ] _____

ACTIVITIES

GRADE TRACKER

SUB	DATE	EXAM	GRADE	NOTES

REVIEW/ASSESSMENT

_____
_____
_____
_____
_____
_____
_____
_____
_____
_____
_____
_____
_____
_____

This Month

MONTH OF:

FOCUS/GOALS

_____
_____
_____
_____
_____
_____

IMPORTANT DATES

- _____
- _____
- _____
- _____
- _____

IDEAS/NOTES

TO DO'S

Lesson Plans

SUB	MONDAY	TUESDAY	WEDNESDAY

THIS WEEK'S GOAL/PRIORITY:

THURSDAY	FRIDAY	NOTES

ASSIGNMENTS

- _____
- _____
- _____
- _____
- _____
- _____
- _____
- _____
- _____

ACTIVITIES

Lesson Plans

WEEK OF:

SUB	MONDAY	TUESDAY	WEDNESDAY

THIS WEEK'S GOAL/PRIORITY:

THURSDAY	FRIDAY	NOTES

ASSIGNMENTS

ACTIVITIES

Lesson Plans

SUB	MONDAY	TUESDAY	WEDNESDAY

THIS WEEK'S GOAL/PRIORITY:

THURSDAY	FRIDAY	NOTES
_____	_____	
_____	_____	
_____	_____	
_____	_____	
_____	_____	
_____	_____	
_____	_____	
_____	_____	
_____	_____	
_____	_____	
_____	_____	
_____	_____	

ASSIGNMENTS

- ☐ _____
- ☐ _____
- ☐ _____
- ☐ _____
- ☐ _____
- ☐ _____
- ☐ _____
- ☐ _____
- ☐ _____

ACTIVITIES

Lesson Plans

SUB	MONDAY	TUESDAY	WEDNESDAY

THIS WEEK'S GOAL/PRIORITY:

THURSDAY	FRIDAY	NOTES

ASSIGNMENTS

- ☐ _____
- ☐ _____
- ☐ _____
- ☐ _____
- ☐ _____
- ☐ _____
- ☐ _____
- ☐ _____
- ☐ _____

ACTIVITIES

GRADE TRACKER

SUB	DATE	EXAM	GRADE	NOTES

REVIEW/ASSESSMENT

_____
_____
_____
_____
_____
_____
_____
_____
_____
_____
_____
_____
_____

This Month

MONTH OF:

FOCUS/GOALS

_____
_____
_____
_____
_____
_____

IMPORTANT DATES

- _____
- _____
- _____
- _____
- _____

IDEAS/NOTES

TO DO'S

Lesson Plans

SUB	MONDAY	TUESDAY	WEDNESDAY

THIS WEEK'S GOAL/PRIORITY:

THURSDAY	FRIDAY	NOTES

ASSIGNMENTS

- ☐ _____
- ☐ _____
- ☐ _____
- ☐ _____
- ☐ _____
- ☐ _____
- ☐ _____
- ☐ _____
- ☐ _____

ACTIVITIES

Lesson Plans

SUB	MONDAY	TUESDAY	WEDNESDAY

THIS WEEK'S GOAL/PRIORITY:

THURSDAY	FRIDAY	NOTES

ASSIGNMENTS

ACTIVITIES

Lesson Plans

SUB	MONDAY	TUESDAY	WEDNESDAY

THIS WEEK'S GOAL/PRIORITY:

THURSDAY	FRIDAY	NOTES
_____ _____ _____ _____	_____ _____ _____ _____	
_____ _____ _____ _____	_____ _____ _____ _____	
_____ _____ _____ _____	_____ _____ _____ _____	**ASSIGNMENTS**

ASSIGNMENTS
- _____
- _____
- _____
- _____
- _____
- _____
- _____
- _____
- _____

ACTIVITIES

Lesson Plans

SUB	MONDAY	TUESDAY	WEDNESDAY

THIS WEEK'S GOAL/PRIORITY:

THURSDAY	FRIDAY	NOTES
_____ _____ _____ _____	_____ _____ _____ _____	
_____ _____ _____ _____	_____ _____ _____ _____	
_____ _____	_____ _____	**ASSIGNMENTS**
_____ _____ _____	_____ _____ _____	▪ _____ ▪ _____ ▪ _____ ▪ _____ ▪ _____ ▪ _____ ▪ _____ ▪ _____ ▪ _____
_____ _____ _____	_____ _____ _____	**ACTIVITIES**
_____ _____ _____	_____ _____ _____	

GRADE TRACKER

SUB	DATE	EXAM	GRADE	NOTES

REVIEW/ASSESSMENT

_____
_____
_____
_____
_____
_____
_____
_____
_____
_____
_____
_____

This Month

MONTH OF: [_____]

FOCUS/GOALS

_____
_____
_____
_____
_____
_____

IMPORTANT DATES

- _____
- _____
- _____
- _____
-

IDEAS/NOTES

TO DO'S

- _____
- _____
- _____
- _____
- _____
- _____
- _____
- _____
- _____
- _____
- _____
- _____
- _____
- _____
- _____
- _____
- _____
- _____
- _____
- _____
- _____
- _____
- _____
- _____
- _____
- _____
- _____
- _____
- _____
- _____
- _____
- _____
- _____

Lesson Plans

SUB	MONDAY	TUESDAY	WEDNESDAY

THIS WEEK'S GOAL/PRIORITY:

THURSDAY	FRIDAY	NOTES

ASSIGNMENTS

- _____
- _____
- _____
- _____
- _____
- _____
- _____
- _____
- _____

ACTIVITIES

Lesson Plans

SUB	MONDAY	TUESDAY	WEDNESDAY

THIS WEEK'S GOAL/PRIORITY:

THURSDAY	FRIDAY	NOTES
_____	_____	
_____	_____	
_____	_____	
_____	_____	
_____	_____	
_____	_____	
_____	_____	
_____	_____	

ASSIGNMENTS

- ▪ _____
- ▪ _____
- ▪ _____
- ▪ _____
- ▪ _____
- ▪ _____
- ▪ _____
- ▪ _____

ACTIVITIES

Lesson Plans

SUB	MONDAY	TUESDAY	WEDNESDAY

THIS WEEK'S GOAL/PRIORITY:

THURSDAY	FRIDAY	NOTES

ASSIGNMENTS

ACTIVITIES

Lesson Plans

SUB	MONDAY	TUESDAY	WEDNESDAY

THIS WEEK'S GOAL/PRIORITY:

THURSDAY	FRIDAY	NOTES
_____	_____	
_____	_____	
_____	_____	
_____	_____	
_____	_____	
_____	_____	
_____	_____	
_____	_____	

ASSIGNMENTS

- ☐ _____
- ☐ _____
- ☐ _____
- ☐ _____
- ☐ _____
- ☐ _____
- ☐ _____
- ☐ _____
- ☐ _____

ACTIVITIES

GRADE TRACKER

SUB	DATE	EXAM	GRADE	NOTES

				REVIEW/ASSESSMENT
				_____
				_____
				_____
				_____
				_____
				_____
				_____
				_____
				_____
				_____
				_____
				_____

This Month

TO DO'S

MONTH OF:

FOCUS/GOALS

IMPORTANT DATES

-
-
-
-
-

IDEAS/NOTES

Lesson Plans

SUB	MONDAY	TUESDAY	WEDNESDAY

THIS WEEK'S GOAL/PRIORITY:

THURSDAY	FRIDAY	NOTES

ASSIGNMENTS

ACTIVITIES

Lesson Plans

SUB	MONDAY	TUESDAY	WEDNESDAY

THIS WEEK'S GOAL/PRIORITY:

THURSDAY	FRIDAY	NOTES

ASSIGNMENTS

- [ ] _____
- [ ] _____
- [ ] _____
- [ ] _____
- [ ] _____
- [ ] _____
- [ ] _____
- [ ] _____
- [ ] _____

ACTIVITIES

Lesson Plans

SUB	MONDAY	TUESDAY	WEDNESDAY

THIS WEEK'S GOAL/PRIORITY:

THURSDAY	FRIDAY	NOTES

ASSIGNMENTS

- [ ] _____
- [ ] _____
- [ ] _____
- [ ] _____
- [ ] _____
- [ ] _____
- [ ] _____
- [ ] _____
- [ ] _____

ACTIVITIES

Lesson Plans

SUB	MONDAY	TUESDAY	WEDNESDAY

THIS WEEK'S GOAL/PRIORITY:

THURSDAY	FRIDAY	NOTES

ASSIGNMENTS

- ☐ _____
- ☐ _____
- ☐ _____
- ☐ _____
- ☐ _____
- ☐ _____
- ☐ _____
- ☐ _____
- ☐ _____

ACTIVITIES

GRADE TRACKER

SUB	DATE	EXAM	GRADE	NOTES

REVIEW/ASSESSMENT

_____
_____
_____
_____
_____
_____
_____
_____
_____
_____
_____
_____
_____

Made in the USA
Monee, IL
05 January 2021